Gaëtan Lefèvre

FRANCE RUGBY

LE GUIDE OFFICIEL DU XV DE FRANCE À LA COUPE DU MONDE

Hugo Jeunesse

SOMMAIRE

INTRODUCTION

Le vendredi 8 septembre 2023 à 21 h, des milliers de supporters français entonneront la *Marseillaise* dans le Stade de France et partout sur le territoire pour inaugurer la Coupe du monde 2023 de rugby à XV. Un match d'ouverture digne d'une finale, comme celles de 1987 ou 2011 entre la France et la Nouvelle-Zélande ! Un match qui marquera l'histoire du rugby français !

Deux cents ans après l'invention du rugby par l'Anglais William Webb Ellis en 1823, la France organise la dixième Coupe du monde de rugby à XV. Un événement majeur de l'ovalie auquel participent les vingt meilleures nations du monde :

L'équipe de France fait partie des équipes favorites de cette Coupe du monde. Elle sera soutenue par un public fervent qui s'est rué pour acheter des billets. Classée deuxième nation mondiale par World Rugby derrière l'Irlande mais devant la Nouvelle-Zélande, elle comptabilise 14 victoires consécutives entre 2021 et 2023. Le 8 septembre 2023, les Bleus s'engageront dans le sprint final d'une préparation commencée il y a plusieurs années.

Ce *Guide officiel du XV de France* te livre toutes les clés nécessaires pour suivre ton équipe favorite tout au long de cet événement international incontournable qui se déroule uniquement tous les quatre ans !

…RIER
…MATCHS

Poule A

- FRANCE
- NOUVELLE-ZÉLANDE
- ITALIE
- URUGUAY
- NAMIBIE

VENDREDI 8 SEPTEMBRE – 21 H

FRANCE – NOUVELLE-ZÉLANDE

Saint-Denis – Stade de France

JEUDI 14 SEPTEMBRE – 21 H

FRANCE – URUGUAY

Lille – Decathlon Arena

JEUDI 21 SEPTEMBRE – 21 H

FRANCE – NAMIBIE

Marseille – Orange Vélodrome

VENDREDI 6 OCTOBRE – 21 H

FRANCE – ITALIE

Lyon – Groupama Stadium

Quart de finale 1

SAMEDI 14 OCTOBRE – 17 H

Marseille – Orange Vélodrome

Vainqueur poule C
Deuxième poule D

Quart de finale 2

SAMEDI 14 OCTOBRE – 21 H

Saint-Denis – Stade de France

Vainqueur poule B
Deuxième poule A

Quart de finale 3

DIMANCHE 15 OCTOBRE – 17 H

Marseille – Orange Vélodrome

Vainqueur poule D
Deuxième poule C

Quart de finale 4

DIMANCHE 15 OCTOBRE – 21 H

Saint-Denis – Stade de France

Vainqueur poule A
Deuxième poule B

Demi-finale 1

VENDREDI 20 OCTOBRE – 21 H

Saint-Denis – Stade de France

Vainqueur quart de finale 1
Vainqueur quart de finale 2

Demi-finale 2

SAMEDI 21 OCTOBRE – 21 H

Saint-Denis – Stade de France

Vainqueur quart de finale 3
Vainqueur quart de finale 4

Petite finale

VENDREDI 27 OCTOBRE – 21 H

Saint-Denis – Stade de France

Perdant demi-finale 1
Perdant demi-finale 2

Finale

SAMEDI 28 OCTOBRE – 21 H

Saint-Denis – Stade de France

Vainqueur demi-finale 1
Vainqueur demi-finale 2

STADES

Lille Métropole
Saint-Denis
Paris
Nantes
Lyon
Saint-Étienne
Bordeaux
Nice
Toulouse
Marseille

ORANGE VÉLODROME

Marseille

L'enceinte historique du sport français, inaugurée en 1937, reste l'une des plus belles de France. Rénové à trois reprises, ce stade est le terrain de jeu du club de l'Olympique de Marseille, mais reçoit également des rencontres nationales et internationales de rugby, comme le premier test-match du XV de France en 2000 et deux quarts de finale de la Coupe du monde 2007.

Pour la Coupe du monde 2023, l'Orange Vélodrome accueillera six matchs dont un match de poule de la France et deux quarts de finale :

21 SEPTEMBRE 2023 À 21 H
France – Namibie

14 OCTOBRE 2023 À 17 H
Quart de finale vainqueur poule C contre deuxième poule D

15 OCTOBRE 2023 À 17 H
Quart de finale vainqueur poule D contre deuxième poule C

Capacité : 67 394 places
(deuxième stade de France)

DECATHLON ARENA

Lille

La Decathlon Arena - Stade Pierre Mauroy, située à Villeneuve-d'Ascq, est le stade principal du club de football LOSC Lille. De conception unique, il peut présenter cinq configurations différentes, se couvrir d'un toit en trente minutes et sa pelouse se replie pour libérer des gradins rétractables.

De grands matchs de football, mais aussi de rugby, de basket, de handball... ainsi que des concerts s'y déroulent régulièrement.

La Decathlon Arena accueillera cinq matchs de poule, dont un de la France :

14 SEPTEMBRE 2023 À 21 H
France – Uruguay

Capacité :
50 187 places

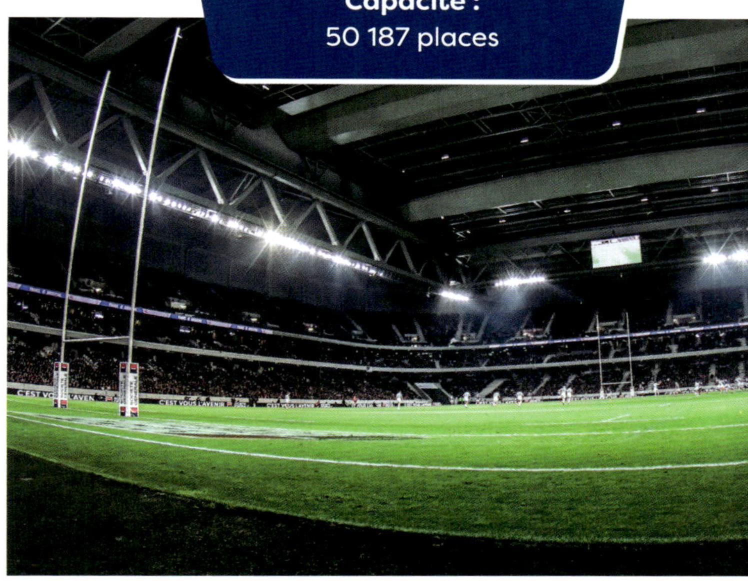

GROUPAMA STADIUM

Lyon

Le Groupama Stadium est l'un des plus impressionnants complexes sportifs de France. Il reçoit depuis de nombreuses années de grands événements sportifs, comme des matchs du XV de France et des phases finales du Top 14.

Le Parc Olympique lyonnais s'intègre dans un complexe qui abrite plusieurs équipements de loisirs et de divertissement, deux hôtels, des centres médicaux et de remise en forme et même un musée.

Le Groupama Stadium accueillera cinq matchs de poule, dont un de la France :

6 OCTOBRE 2023 À 21 H
France — Italie

Capacité :
59 186 places

STADIUM DE TOULOUSE

Toulouse

L'architecture du Stadium de Toulouse, identique au stade anglais de Wembley, lui vaut le surnom de « petit Wembley ». Le stade héberge l'équipe professionnelle du Toulouse Football Club (TFC) et accueille également les grands matchs de rugby du Stade toulousain. Quatre matchs de poule de la Coupe du monde 2007, dont celui opposant le XV de France à la Namibie, furent joués au sein du Stadium de Toulouse.

Cinq matchs de poule de la Coupe du monde 2023 seront disputés dans ce stade.

Capacité :
33 150 places

STADE DE LA BEAUJOIRE

Nantes

Mythique stade de football inauguré en 1984, le stade de La Beaujoire, utilisé par le Football Club de Nantes, accueille aussi des événements de la planète rugby, comme les matchs du premier tour de la Coupe du monde de rugby à XV 2007.

Il recevra quatre matchs de poule de la Coupe du monde de rugby à XV 2023.

Capacité :
37 473 places

MATMUT ATLANTIQUE

Bordeaux

Le Matmut Atlantique ou stade de Bordeaux, propriété de la ville de Bordeaux, est inauguré en mai 2015 et héberge le Football Club des Girondins de Bordeaux.

Le club de rugby de l'Union Bordeaux-Bègles et le XV de France y disputent régulièrement des rencontres. Ce stade accueille également de grands événements de rugby comme les demi-finales du Top 14 en 2015 et en 2019.

Le Matmut Atlantique de Bordeaux a été sélectionné pour accueillir cinq matchs de poule.

Capacité :
42 115 places

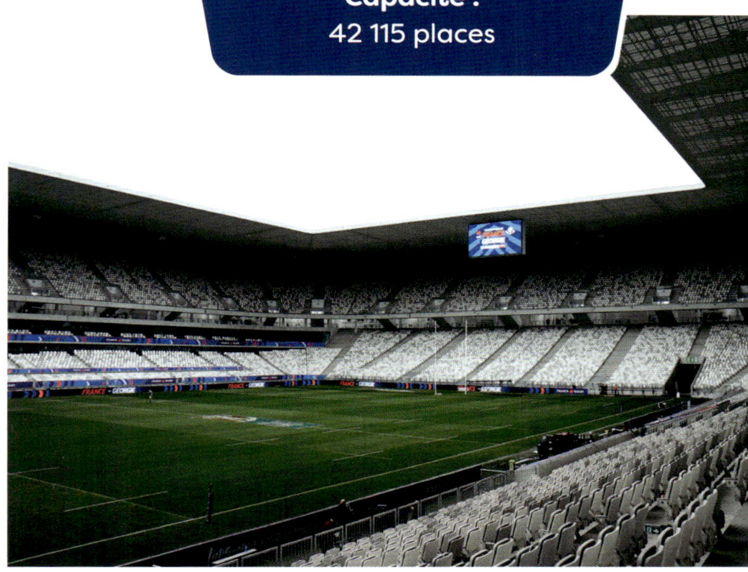

STADE GEOFFROY-GUICHARD

Saint-Étienne

Capacité :
42 000 places

Surnommé le « Chaudron », le stade Geoffroy-Guichard abrite l'équipe de football de l'AS Saint-Étienne. Inauguré en 1931, il fut rénové à trois reprises. Le XV de France s'y produit pour la première fois en novembre 2001. En 2007, le stade est retenu pour accueillir trois rencontres de la Coupe du monde de rugby. Pour l'occasion, deux écrans géants sont installés dans deux des angles ouverts du stade.

Enceinte la plus ancienne de France, le stade Geoffroy-Guichard recevra quatre matchs de poule de la Coupe du monde 2023.

ALLIANZ RIVIERA

Nice

Capacité :
35 624 places

Antre de l'OGC Nice, l'Allianz Riviera, aussi appelé « Stade de Nice » ou « Stade Riviera », fut inauguré en 2013. Depuis cette date, le stade héberge régulièrement des matchs du Rugby club toulonnais et a également accueilli les demi-finales du championnat de France de Top 14 en 2002. Présélectionné par le comité de candidature de Paris, il accueillera des matchs de football lors des prochains jeux Olympiques de 2024.

Le stade de Nice recevra quatre rencontres de poule de la Coupe du monde de rugby 2023.

STADE DE FRANCE

Saint-Denis

Construit à l'occasion de la Coupe du monde de football 1998, le Stade de France se situe en proche banlieue parisienne. Plus grand stade français avec une capacité de plus de 80 000 places, il accueille de nombreux événements sportifs (football, rugby, athlétisme...) ainsi que des concerts et de grands spectacles. En 2007, il est le stade principal de la Coupe du monde de rugby à XV, hébergeant de nombreux matchs dont la finale. Enfin, tous les ans, il est le théâtre de la finale du Top 14.

Capacité :
80 698 places

Le Stade de France accueillera quatre rencontres du premier tour, dont le match d'ouverture entre la France et la Nouvelle-Zélande le 8 septembre, mais aussi deux quarts de finale, les demi-finales et la finale :

14 OCTOBRE 2023 À 21 H
Quart de finale

15 OCTOBRE 2023 À 21 H
Quart de finale

20 OCTOBRE 2023 À 21 H
Demi-finale

21 OCTOBRE 2023 À 21 H
Demi-finale

27 OCTOBRE 2023 À 21 H
Petite finale

28 OCTOBRE 2023 À 21 H
Finale

PARCOURS DES BLEUS EN COUPE DU MONDE

Coupe du monde 1987 en Australie et en Nouvelle-Zélande
Vainqueur : Nouvelle-Zélande
Le XV de France est finaliste, mais s'incline face aux All Blacks (29-9).

Coupe du monde 1991 en Angleterre
Vainqueur : Australie
Le XV de France perd en quart de finale contre l'Angleterre (10-19).

Coupe du monde 1995 en Afrique du Sud
Vainqueur : Afrique du Sud
Le XV de France termine troisième en battant les Anglais en petite finale (19-9).

Coupe du monde 1999 au pays de Galles
Vainqueur : Australie
Le XV de France s'incline en finale contre les Wallabies (35-12).

Coupe du monde 2003 en Australie
Vainqueur : Angleterre
Le XV de France termine quatrième après sa défaite contre la Nouvelle-Zélande en petite finale (40-13).

Coupe du monde 2007 en France
Vainqueur : Afrique du Sud
Le XV de France perd contre l'Argentine en petite finale (10-34).

Coupe du monde 2011 en Nouvelle-Zélande
Vainqueur : Nouvelle-Zélande
La France est battue en finale par les All Blacks (8-7).

Coupe du monde 2015 en Angleterre
Vainqueur : Nouvelle-Zélande
La France est éliminée en quart de finale par la Nouvelle-Zélande (62-13).

Coupe du monde 2019 au Japon
Vainqueur : Afrique du Sud
Le XV de France s'incline en quart de finale face au pays de Galles (20-19).

DEMI-FINALE DE LA COUPE DU MONDE 1987

Australie – France : 24 à 30

13 JUIN 1987, À SYDNEY - AUSTRALIE

Pour la première Coupe du monde de l'histoire du rugby à XV, la France se hisse en finale en éliminant en demi-finale l'un des pays hôtes de la compétition, l'Australie. Dès le coup d'envoi, les Wallabies, chez eux, imposent le rythme et le combat. Ils mènent 9 à 0 avant que les Français ne reviennent à 9-6 à la mi-temps. En seconde période, l'équipe de France prend l'avantage au score grâce à un essai de Philippe Sella. Puis, les Australiens reviennent au score. Les deux équipes se rendent coup pour coup, jusqu'à la fin du match, où le score s'élève à 24 à 24. Cependant, à la 85e minute, dans une dernière attaque, les Bleus récupèrent le ballon dans le camp australien après un grand coup de pied de Patrice Lagisquet. Dans un jeu de passes non académiques, le ballon atterrit dans les bras de Serge Blanco pour une ultime accélération et un essai en coin. La France accède à une finale historique !

DEMI-FINALE DE LA COUPE DU MONDE 1999

France – Nouvelle-Zélande : 43 à 31

31 OCTOBRE 1999, À TWICKENHAM - ANGLETERRE

La 4e édition de la Coupe du monde de rugby à XV se dispute en Europe (îles Britanniques et France). La France se qualifie pour les phases finales de manière poussive avec de petites victoires contre les Canadiens et les Fidjiens. Après avoir vaincu les Argentins en quart de finale, elle affronte les grands favoris de la compétition, les All Blacks. Ce 31 octobre 1999, à Twickenham, lorsque les All Blacks mènent de 14 points à la 50e minute, 24 à 10, après deux essais de leur invincible ailier Jonah Lomu, les supporters français sont sûrement peu nombreux à croire à une victoire. L'équipe de France, elle, y croit. Elle le prouve en redoublant d'efforts et en marquant 26 points en 15 minutes. Elle s'impose finalement 43 à 31 et réalise un nouvel exploit en Coupe du monde pour atteindre sa deuxième finale !

QUART DE FINALE DE LA COUPE DU MONDE 2007

France – Nouvelle-Zélande : 20 à 18

6 OCTOBRE 2007, À CARDIFF - PAYS DE GALLES

Pour la première fois, la Coupe du monde de rugby à XV se déroule en France. La fête se doit d'être grande ! Malheureusement, dès le premier match de la compétition, les Bleus perdent contre les Argentins et terminent deuxième de poule. Alors qu'une première place les aurait amenés à jouer un quart de finale au Stade de France, l'équipe de France se déplace à Cardiff pour affronter les All Blacks. Trop tard pour avoir des regrets ! Il faut faire front ! C'est chose faite… La rencontre est irrespirable. À la 50e minute, les All Blacks mènent 13 à 3, mais la France n'abdique pas et se révèle. À une dizaine de minutes du coup de sifflet final, Frédéric Michalak, tout juste rentré en jeu, relance le ballon. Il réalise une magnifique course avant de servir le trois-quarts centre Yannick Jauzion qui va aplatir le ballon en terres promises. Jean-Baptiste Élissalde passe la transformation et donne l'avantage aux Bleus 20 à 18. La France tient bon jusqu'au bout et remporte sa deuxième victoire historique en Coupe du monde contre les All Blacks !

QUART DE FINALE DE LA COUPE DU MONDE 2011

France – Angleterre : 19 à 12

8 OCTOBRE 2011, À AUCKLAND - NOUVELLE-ZÉLANDE

Le 8 octobre 2011, l'équipe de France joue un quart de finale contre son meilleur ennemi, l'Angleterre. En Coupe du monde, les Anglais totalisent trois succès en quatre matchs contre les Bleus : le quart de finale en 1991 et les demi-finales en 2003 et 2007. Le XV de France, emmené par son capitaine Thierry Dusautoir, compte bien remporter ce Crunch. La France s'est inclinée en matchs de poule contre la Nouvelle-Zélande et contre les Tonga. Elle doit sa qualification aux deux points de bonus offensif glanés contre le Canada et le Japon. Les Anglais, eux, ont gagné tous leurs matchs de poule. Ils entrent favoris dans l'Eden Park d'Auckland. Contre toute attente, les Bleus attaquent d'entrée de match avec deux essais de leur ailier Vincent Clerc et de l'arrière Maxime Médard. À la mi-temps, le score s'élève à 16 à 0 pour l'équipe de France. Lors de la seconde période, le XV de France encaisse deux essais mais ne rompt pas. Il tient sa revanche contre les Anglais !

HISTOIRE DU XV DE FRANCE

1872 • LE PREMIER CLUB DE FRANCE

Le premier club de France, le Havre Athletic Club, voit le jour en 1872, suivi par des clubs franciliens comme le Racing Club de France ou encore le Stade français. Dès 1887, à sa fondation, la fédération omnisports, l'Union des sociétés françaises de sports athlétiques (USFSA), met la main sur le rugby pour l'administrer.

Le rugby s'installe aussi en région Aquitaine. Le sud-ouest de la France deviendra par la suite le « berceau » du rugby français.

1892 • LE PREMIER « CHAMPION » DE FRANCE

En 1892, un match est organisé entre le Racing Club de France et le Stade français, au bois de Boulogne. Le Racing gagne sur le score de 4 à 3 et devient... le premier champion de France. De retour d'Angleterre où il s'est formé aux règles britanniques, le baron Pierre de Coubertin, Président de l'USFSA, arbitre la rencontre.

L'un des organisateurs de cette rencontre, Charles Brennus, graveur et sculpteur, remet au vainqueur le premier bouclier, un trophée qu'il a lui-même sculpté.

1906 • LE PREMIER MATCH INTERNATIONAL OFFICIEL

L'équipe de France de rugby joue son premier match officiel en 1906 contre une équipe de Nouvelle-Zélande débarquant d'une tournée en Grande-Bretagne. Elle perd cette rencontre 38 à 8 mais lance sa sélection nationale.

1910 • DÉBUT DU TOURNOI DES CINQ NATIONS

En 1910, la France participe à sa première compétition internationale, le tournoi britannique regroupant l'Angleterre, l'Écosse, le pays de Galles et l'Irlande, rebaptisé pour l'occasion « Tournoi des Cinq Nations ». Un an plus tard, les Français remportent leur premier match du tournoi contre les Écossais, 16 à 15.

1968 • LE PREMIER GRAND CHELEM

La France remporte, seule, son premier tournoi en 1959. En 1968, elle décroche son premier Grand Chelem, 58 ans après sa première participation.

1979 • LA PREMIÈRE VICTOIRE EN NOUVELLE-ZÉLANDE

Le 14 juillet 1979, le XV de France, mené par son capitaine Jean-Pierre Rives, s'impose 24 à 19 à l'Eden Park d'Auckland, en Nouvelle-Zélande. La France gagne pour la première fois de son histoire sur les terres des All Blacks !

1987 • LA PREMIÈRE COUPE DU MONDE

En 1987, l'équipe de France participe à la première Coupe du monde de rugby à XV qui se déroule en Nouvelle-Zélande et en Australie. Elle réalise un beau parcours avec quatre victoires, dont celle en demi-finale contre les Australiens à Sydney avant de perdre en finale, à Auckland, contre les Néo-Zélandais, 29 à 9.

1995 * L'ÈRE PROFESSIONNELLE
En 1995, la France participe à sa troisième Coupe du monde de rugby à XV. Elle perd en demi-finale contre les futurs champions du monde, les Sud-Africains, avant de battre les Anglais dans la petite finale. Quelques mois après le Mondial, le rugby connaît une véritable révolution en entrant dans l'ère du professionnalisme.

2000 * DÉBUT DU TOURNOI DES SIX NATIONS
Après un nouvel échec en finale de la Coupe du monde 1999, la France participe l'année suivante à la première édition du Tournoi des Six Nations, avec l'intégration de l'Italie. Les Italiens gagnent leur premier match de la compétition contre les Écossais. L'Angleterre remporte cette édition devant la France.

2002 * UNE NOUVELLE ÈRE
En 2002, le XV de France inaugure le Centre national du rugby (CNR), implanté à Linas et Marcoussis dans l'Essonne. Il dispose ainsi de son propre centre d'entraînement pour préparer les compétitions internationales dont la Coupe du monde de 2003.

2007 * LA PREMIÈRE COUPE DU MONDE EN FRANCE
En 2007, la France organise la première Coupe du monde de rugby à XV sur son territoire. Malgré une victoire historique contre les All Blacks 20 à 18 en quart de finale, le XV de France ne parvient pas à battre le XV de la Rose en demi-finale.

2011 * UN NOUVEL ÉCHEC EN FINALE DE COUPE DU MONDE
Lors du Mondial 2011 en Nouvelle-Zélande, la France perd d'un petit point sa troisième finale de Coupe du monde.

2015 * UNE COUPE DU MONDE DIFFICILE
Lors du Mondial 2015 en Angleterre, le XV de France connaît sa plus lourde défaite en Coupe du monde. Après sa qualification en quart de finale, les Bleus sont battus par les All Blacks 62 à 13.

2019 * LE RENOUVEAU DU XV DE FRANCE !

Après le Mondial 2019 au Japon et la défaite des Bleus en quart de finale, l'équipe de France se renouvelle sous la direction de Fabien Galthié. De nombreux jeunes joueurs comme Antoine Dupont, Romain Ntamack, Damian Penaud, Julien Marchand ou Grégory Alldritt intègrent l'équipe. Cette nouvelle génération décroche un de ses succès en battant les All Blacks le 21 novembre 2021, 40 à 25, avant de remporter le Grand Chelem lors du Tournoi des Six Nations 2022 !

CHIFFRES CLÉS

3

L'équipe de France a joué trois finales de Coupe du monde en 1987, 1999 et 2011. Elle a également participé à trois petites finales, en 1995, la seule qu'elle remporte, 2003 et 2007.

10

2023 verra se jouer la 10e Coupe du monde de rugby à XV depuis la première édition en 1987. L'équipe de France a participé aux dix Coupes du monde.

14

Comme le nombre de victoires consécutives de l'équipe de France de rugby à XV entre 2021 et 2023 !

69,8

C'est le pourcentage de victoires du XV Masculin en neuf Coupes du monde ! La France se classe ainsi troisième meilleure nation derrière la Nouvelle-Zélande (87,5 %) et l'Australie (77,4 %).

18

L'ex-talonneur de l'équipe de France Raphaël Ibañez est le joueur français ayant disputé le plus de matchs en Coupe du monde, avec 18 rencontres de *Rugby World Cup* entre 1999 et 2007.

2011

Lors de la Coupe du monde 2011, les équipes de France et de Nouvelle-Zélande se sont rencontrées en phase de groupe puis en finale. À trois reprises, deux nations se sont affrontées deux fois lors d'une même édition.

200

Selon la légende, en 1823, William Webb Ellis, étudiant à l'Université de Rugby en Angleterre, prit la balle à la main lors d'une rencontre de football et traversa le terrain. Ce fut la première action de rugby, il y a 200 ans !

136

Le demi d'ouverture Frédéric Michalak est le joueur français ayant marqué le plus de points en Coupe du monde. Il est neuvième au classement général, l'Anglais Jonny Wilkinson est le premier avec 277 points.

11

L'ailier Vincent Clerc est l'international français qui détient le record d'essais en Coupe du monde avec 11 réalisations. Le Néo-Zélandais Jonah Lomu et le Sud-Africain Bryan Habana conservent le record du nombre d'essais marqués en Coupe du monde avec 15 réalisations.

Les premières... du XV de France !

- **1911** Première victoire dans le Tournoi des Cinq Nations contre l'Écosse
- **1948** Premières victoires en terres galloises
- **1951** Première victoire en Angleterre
- **1954** Première victoire contre les All Blacks et premier Tournoi des Cinq Nations remporté
- **1958** Première nation victorieuse en Afrique du Sud
- **1959** Première victoire seule dans le Tournoi des Cinq Nations
- **1968** Premier Grand Chelem dans le Tournoi des Cinq Nations
- **1979** Première victoire en terres néo-zélandaises
- **1987** Première finale jouée en Coupe du monde

EN ROUTE POUR LA VICTOIRE !

Le XV de France

Emblème : Le Coq gaulois
Hymne national : *La Marseillaise*
Palmarès en Coupe du monde :
2e en 1987, 1999 et 2011, 3e en 1995
Classement World Rugby : 2e

FRANCE RUGBY

Le 8 septembre 2023, la France et la Nouvelle-Zélande ouvriront la 10e Coupe du monde de rugby dans un match qui s'annonce déjà crucial.

En effet, depuis plusieurs mois, la France est régulièrement citée comme la favorite pour soulever le trophée Webb-Ellis. Et cette fois, le XV de France aura l'avantage de jouer à domicile. Lors du match d'ouverture, les Bleus affronteront les All Blacks et ne pourront les retrouver, pour une nouvelle confrontation, qu'en finale !

Après une décennie (2012-2022) inégale, l'équipe de France revient sur le devant de la scène internationale, l'un des objectifs fixés au début du mandat du sélectionneur Fabien Galthié. Elle termine ainsi l'année 2022 à la deuxième place du classement World Rugby, en impressionnant les spécialistes et en conquérant le public français.

Vainqueurs d'un Grand Chelem lors du Tournoi des Six Nations 2022, les Bleus battent un record datant des années 1930 avec une série de 14 victoires consécutives entre 2021 et 2023. La France a triomphé de toutes les grandes nations du rugby : la Nouvelle-Zélande, l'Afrique du Sud, l'Australie, mais aussi l'Irlande et l'Angleterre. Elle a impressionné par son jeu pragmatique basé sur une bonne occupation du terrain, une défense de fer et des attaques fulgurantes dignes du *french flair*.

Le *french flair*

Le rugby français se définit souvent par l'expression « french flair ». Mais que signifie-t-elle ?

L'expression *french flair* aurait été inventée par les Anglais pour qualifier le jeu des Français basé sur l'improvisation et la vitesse, en particulier dans les phases offensives. Difficile à définir, il représente un jeu libre fait de mouvements et de passes. Il s'oppose au jeu, souvent prôné par les Britanniques, s'appuyant sur un cadre fort, l'occupation du terrain avec du jeu au pied et l'utilisation de combinaisons travaillées à l'entraînement. Le *french flair* est le fruit de qualités exceptionnelles de joueurs de talent.

Un effectif de choix

Le XV Masculin est constitué d'une génération de joueurs incroyables, dont plusieurs champions du monde avec l'équipe de France des moins de 20 ans. Il repose sur un effectif large, facilitant les *turnovers*. C'est un véritable atout pour l'équipe qui possède des *finishers*, surnom que donne l'entraîneur Fabien Galthié aux remplaçants, de très bon niveau, qui font souvent basculer les matchs dans les dernières secondes. N'oublions pas le rôle joué par le staff du XV de France, et qui participe grandement au succès de l'équipe !

Des supporters au rendez-vous !

Des *bookmakers* aux presses étrangères, l'équipe de France est présentée comme la nation favorite pour remporter la Coupe du monde 2023 ! Les autres nations, prévenues, arriveront méfiantes sur les terres françaises, mais les Bleus devront se départir du statut de favori qui décuple les forces adverses.

De Lille à Marseille, de Nantes à Nice, les stades seront remplis et le public français au rendez-vous. « *Allons, enfants de la Patrie. Le jour de gloire est arrivé !* »

JOUEURS DU XV DE FRANCE

NUMÉROS 1 ET 3

LES PILIERS

Au rugby à XV, les piliers titulaires, surnommés les « pilards », portent les numéros 1 et 3. Ils participent en attaque à l'avancée de l'équipe, et sont souvent proches des regroupements grâce à leur puissance physique. En défense, ils se servent de leur force pour stopper les adversaires et récupérer le ballon.

Le pilier Cyril Baille exploite sa puissance physique pour attaquer la défense italienne sous les yeux de ses coéquipiers Anthony Jelonch, Antoine Dupont et Julien Marchand.

Les deux piliers, droit et gauche, présentent généralement des profils différents. Le pilier gauche porte le numéro 1. Dans la mêlée, il est en contact avec un seul joueur de la première ligne adverse, ce qui lui permet d'en sortir plus rapidement. Il manie souvent mieux le ballon et se révèle plus endurant que son coéquipier à la pile. Le pilier droit porte le numéro 3 et joue un rôle prépondérant dans la mêlée. Il doit rester stable tout en déstabilisant la mêlée adverse en poussant, tirant, voire en soulevant avec la tête le pilier concurrent. Il pèse généralement plus lourd que son vis-à-vis et qu'une bonne partie de l'équipe.

Les piliers du XV de France

Le XV de France possède de beaux potentiels à ce poste avec Cyril Baille (numéro 1) et Uini Atonio (numéro 3). **Cyril Baille** est considéré comme le meilleur pilier gauche du monde par ses pairs. Il bénéficie de l'entière confiance de l'entraîneur Fabien Galthié et de son staff. Pour preuve, le pilier du Stade toulousain est titularisé lors du premier match de la Tournée d'automne 2022 contre l'Australie alors qu'il revient de blessure et n'a disputé que quarante minutes de jeu en Top 14. À la suite de cette titularisation, son coéquipier en club et en équipe de France, Peato Mauvaka l'a surnommé, en plaisantant, le « King ». À droite, **Uini Atonio** possède un gabarit hors norme qui lui permet de toujours avancer à l'impact, même si sa taille – grande pour un pilier – peut être un désavantage en mêlée.

Derrière eux, plusieurs joueurs se partagent les postes de pilier. À gauche, **Jean-Baptiste Gros** et **Reda Wardi**, à droite, **Mohamed Haouas**, **Dorian Aldegheri** et **Sipili Falatea**.

Cyril BAILLE

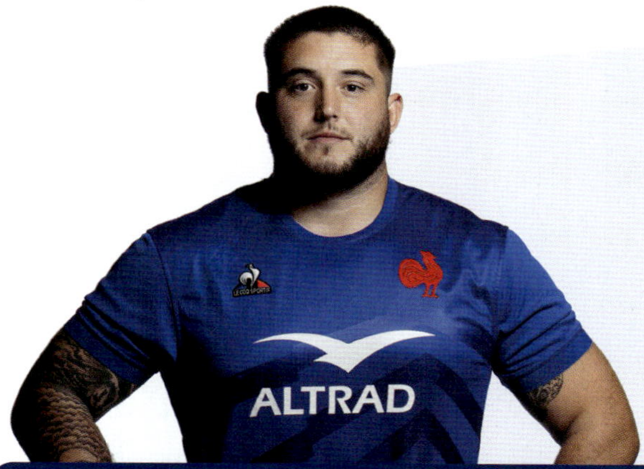

Poste : pilier gauche
Né le 15/09/1993 à Pau
Club : Stade toulousain
Première sélection avec l'équipe de France : 2016
Sélections avec l'équipe de France : 43
Nombre d'essais avec le XV de France : 3

Uini ATONIO

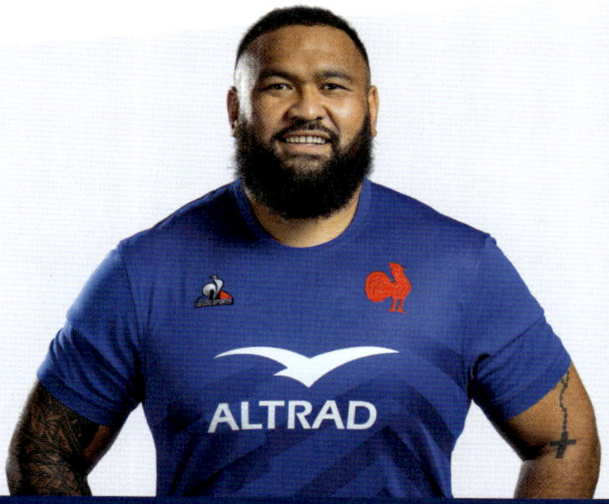

Poste : pilier droit
Né le 26/03/1990 à Timaru en Nouvelle-Zélande
Club : Stade rochelais
Première sélection avec l'équipe de France : 2014
Sélections avec l'équipe de France : 50
Nombre d'essais avec le XV de France : 1

Reda WARDI

Poste : pilier gauche
Né le 02/08/1995 à Montpellier
Club : Stade rochelais
Première sélection avec l'équipe de France : 2022
Sélections avec l'équipe de France : 6
Nombre d'essais avec le XV de France : 0

Sipili FALATEA

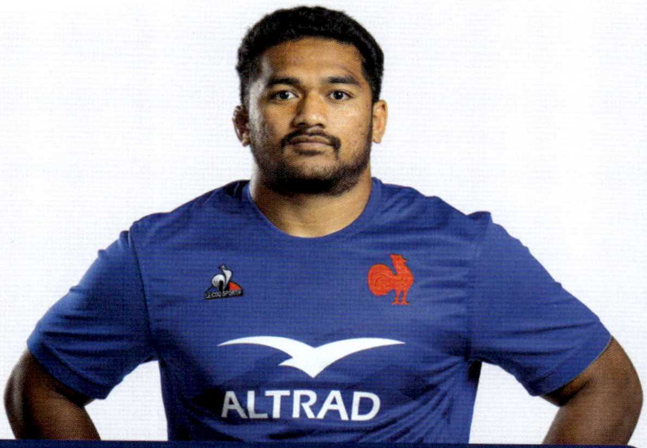

Poste : pilier droit
Né le 23/06/1997 à Futuna
Club : Union Bordeaux Bègles
Première sélection avec l'équipe de France : 2021
Sélections avec l'équipe de France : 12
Nombre d'essais avec le XV de France : 1

— LE GESTE TECHNIQUE —

LA MÊLÉE

Si les Anglais disent souvent « no scrum, no win » (« pas de mêlée, pas de victoire »), ce n'est pas anodin. La mêlée est une phase de jeu essentielle en rugby à XV. Elle s'organise après une faute mineure ou un arrêt de jeu. Les huit avants d'une même équipe se lient, forment un pack et poussent l'équipe adverse pour conquérir le ballon. Celui-ci est mis en jeu par le demi de mêlée dans le couloir séparant les deux packs. Épreuve physique et technique, la mêlée permet de gagner le ballon et d'offrir des lancements de jeu à la ligne de trois-quarts.

LE TALONNEUR

En rugby à XV, le talonneur porte le numéro 2. Placé au centre de la première ligne, entouré des deux piliers, il talonne le ballon avec le pied lorsque celui-ci est introduit dans la mêlée. Comme ses coéquipiers de la première ligne, il doit être fort et puissant. Il est sollicité en attaque et en défense pour son physique. Son rôle au sein du pack est capital, comme celui dans l'équipe. Avec un caractère bien trempé, il est souvent désigné capitaine de l'équipe.

Le numéro 2 se charge aussi du lancer de ballon lors des touches. Dans l'histoire du rugby, ce n'est que récemment que le talonneur effectue la remise en jeu. Il fut intronisé lanceur après les ailiers ou encore les demis de mêlée. La qualité de ce geste technique crucial nécessite un entraînement spécifique et des heures de travail. Aujourd'hui, elle détermine la titularisation ou non du talonneur.

Les talonneurs du XV de France

L'équipe de France possède deux talonneurs aux profils différents qui se partagent le poste depuis plusieurs années en équipe nationale mais aussi au Stade toulousain : Julien Marchand et Peato Mauvaka. **Julien Marchand** occupe le poste de talonneur titulaire du XV de France. Extrêmement puissant et dynamique, il est doté d'une explosivité exceptionnelle grâce à laquelle il avance sur chaque impact. Il se présente aussi comme l'un des meilleurs gratteurs de ballon de l'équipe. Considéré comme un *finisher*, nouveau nom donné aux remplaçants, **Peato Mauvaka** dispose d'un jeu plus mobile et rapide. Il apporte ses qualités pour terminer les matchs et souvent faire basculer les rencontres. Il peut également être un titulaire hors pair, en l'absence de Julien Marchand, comme lors du match contre la Nouvelle-Zélande le 21 novembre 2021 où il marque deux essais.

Sauf imprévu, ces deux joueurs devraient participer à la Coupe du monde 2023, mais d'autres ont été testés et observés par le staff des Bleus. En cas de blessure de l'un des deux Toulousains, **Pierre Bourgarit** ou **Gaëtan Barlot** pourraient avoir leur chance.

Puissant et dynamique, le talonneur Julien Marchand concentre la défense italienne.

Le talonneur Peato Mauvaka tente de prendre l'intervalle dans la défense australienne.

Julien MARCHAND

Poste : talonneur
Né le 10/05/1995
à Saint-Gaudens
Club : Stade toulousain
Première sélection avec l'équipe de France : 2018
Sélections avec l'équipe de France : 29
Nombre d'essais avec le XV de France : 1

Peato MAUVAKA

Poste : talonneur
Né le 10/01/1997 à Nouméa
Club : Stade toulousain
Première sélection avec l'équipe de France : 2019
Sélections avec l'équipe de France : 19
Nombre d'essais avec le XV de France : 5

— LE GESTE TECHNIQUE —

LA TOUCHE

Au rugby à XV, la touche consiste à remettre le ballon en jeu lorsque celui-ci sort sur les côtés du terrain. Les équipes s'alignent perpendiculairement à la ligne de touche. L'équipe qui lance détermine le nombre de joueurs présents dans l'alignement. Comme la mêlée, la touche impacte fortement le jeu notamment pour lancer des attaques, constituer des mauls ou pour récupérer le ballon adverse.

LES DEUXIÈMES LIGNES

Les deuxièmes lignes, qui portent les numéros 4 et 5, forcent le respect par leur gabarit. Ils se placent au cœur de la mêlée, sont sollicités en attaque comme perce-muraille et en défense pour marquer l'adversaire. Ils interviennent aussi sur les phases de touche pour récupérer le ballon dans les airs ou pour soulever les sauteurs. Les deuxièmes lignes partagent de nombreuses similitudes avec les troisièmes lignes, aussi de nombreux joueurs peuvent couvrir les deux postes.

Les profils des deux deuxièmes lignes se différencient de plus en plus. Le numéro 4 placé dans la mêlée, derrière le pilier gauche et le talonneur, est celui qui doit faire preuve de plus de mobilité et de dynamisme. Joueur le plus impressionnant sur le terrain, le numéro 5 doit être grand et très costaud pour soutenir la mêlée derrière le talonneur et le pilier droit.

Les deuxièmes lignes du XV de France

Au vu des dernières confrontations du XV de France, les deuxièmes lignes qui devraient débuter la Coupe du monde sont Thibaud Flament et Paul Willemse. **Thibaud Flament** a réalisé un très bon Tournoi des Six Nations 2023 marquant 3 essais et réalisant 81 plaquages (2e meilleur plaqueur du tournoi). Ses performances le placent comme le favori au poste de numéro 4 pour la Coupe du monde. Joueur athlétique et mobile, son expérience comme demi d'ouverture, poste auquel il a joué jusqu'à 18 ans, lui confère une gestuelle juste et une vision du jeu remarquable. **Cameron Woki** évolue traditionnellement au poste de troisième ligne. Il passe deuxième ligne lors de la Tournée d'automne 2021 sur décision du sélectionneur du XV de France, Fabien Galthié. Il devrait accompagner Thibaud Flament au poste de deuxième ligne gauche.

À droite, au poste de numéro 5, **Paul Willemse** fait office de titulaire indiscutable. Sa puissance physique et ses contacts rugueux font de lui un excellent deuxième ligne. Peu de joueurs français possèdent son profil. Depuis le début de l'ère Galthié, **Romain Taofifénua** supplée Paul Willemse. Il devrait donc aussi participer à la Coupe du monde 2023. Le staff des Bleus a également testé **Florian Verhaeghe** et **Bastien Chalureau**.

Le deuxième ligne Cameron Woki saisit le ballon en l'air soutenu par son coéquipier Uini Atonio.

Thibaud FLAMENT

Poste : deuxième ou troisième ligne
Né le 25/04/1997 à Paris
Club : Stade toulousain
Première sélection avec l'équipe de France : 2021
Sélections avec l'équipe de France : 16
Nombre d'essais avec le XV de France : 4

Paul WILLEMSE

Poste : deuxième ligne
Né le 13/11/1992 à Pretoria en Afrique du Sud
Club : Montpellier HR
Première sélection avec l'équipe de France : 2019
Sélections avec l'équipe de France : 28
Nombre d'essais avec le XV de France : 2

Cameron WOKI

Poste : deuxième ou troisième ligne
Né le 07/11/1998 à Saint-Denis
Club : Racing 92
Première sélection avec l'équipe de France : 2020
Sélections avec l'équipe de France : 19
Nombre d'essais avec le XV de France : 1

Romain TAOFIFÉNUA

Poste : deuxième ligne
Né le 14/09/1990 à Mont-de-Marsan
Club : Lyon OU
Première sélection avec l'équipe de France : 2012
Sélections avec l'équipe de France : 43
Nombre d'essais avec le XV de France : 2

— LE GESTE TECHNIQUE —

LE PLAQUAGE

Le rugby est un sport collectif de ballon mais aussi un sport de combat. Les attaquants doivent être capables de franchir la ligne adverse pour marquer des points alors que la défense doit les stopper par plaquage. Ces dernières années, le jeu se révèle plus violent, plus rugueux avec des joueurs de plus en plus impressionnants et de plus en plus rapides.

Le plaquage consiste à arrêter la progression d'un adversaire qui détient le ballon en le saisissant au niveau des membres inférieurs pour le faire tomber. Cette action permet d'arrêter l'adversaire mais aussi de gagner du terrain, voire de récupérer le ballon. Ce geste technique et physique est strictement réglementé pour protéger les joueurs et limiter les blessures.

NUMÉROS 6 ET 7

LES TROISIÈMES LIGNES AILES

Les troisièmes lignes ailes portent les numéros 6 et 7. Ils font partie des huit joueurs du groupe d'avants. Ils forment la troisième ligne avec le numéro 8. Ces joueurs, aussi appelés « flankers », ont des profils polyvalents et très complets. Rapides, techniques, toujours en action, ils interviennent sur toutes les phases de jeu. Ils participent aux mauls, aux mêlées ou aux touches. Ils sont les premiers plaqueurs et gratteurs de l'équipe. En attaque, ils peuvent jouer la percussion ou les intervalles. Le profil physique, l'endurance et les qualités athlétiques se révèlent primordiales pour jouer à ce poste.

Vice-capitaine du XV de France, attaquant hors pair, défenseur courageux, le troisième ligne Charles Ollivon est également un excellent joueur de touche.

Le puissant troisième ligne Anthony Jelonch continue d'avancer malgré deux défenseurs italiens sur le dos.

Les troisièmes lignes ailes du XV de France

Le XV de France possède plusieurs troisièmes lignes ailes de très bon niveau. Le choix des titulaires sera probablement compliqué mais **Charles Ollivon** devrait en être. Premier capitaine du XV de France, il devient le leader des Bleus sous l'ère Galthié. C'est un plaqueur efficace, un attaquant de qualité et un bon joueur de touche. Malheureusement, il se blesse en 2022 (rupture d'un ligament croisé du genou gauche) et ne participe pas au Tournoi des Six Nations. Il retrouve l'équipe de France pour la Tournée d'été puis celle d'automne. Rapidement, il prouve son importance au sein du XV de France, tant sur le terrain que dans le vestiaire. Il reprend le capitanat en l'absence d'Antoine Dupont pour le dernier match contre le Japon. Autre troisième ligne du XV de France, **François Cros** devient un joueur efficient des Bleus lors du Grand Chelem réalisé en 2022. Comme son coéquipier, il se blesse à la fin de la saison de Top 14 2021-2022 et ne peut porter le maillot bleu durant la Tournée d'automne 2022. Le troisième *flanker* capital du XV Masculin est **Anthony Jelonch**. Il fut également un joueur essentiel lors du Tournoi des Six Nations 2022. Puissant et gros plaqueur, il devient titulaire après la blessure de Charles Ollivon. Il évolue aux postes de troisième ligne aile et de troisième ligne centre.

D'autres joueurs souhaitent gagner une place de titulaire. Les deuxièmes lignes **Thibault Flament** et **Cameron Woki** pourraient basculer au poste de troisième ligne aile. Ce dernier a joué d'ailleurs plusieurs rencontres à ce poste sous la direction de Fabien Galthié avant de glisser en deuxième ligne. Lors de la Tournée d'automne 2022, **Sekou Macalou** apparaît comme un *finisher* quatre étoiles. En club, il évolue au poste de troisième ligne aile et centre, mais ses qualités athlétiques, défensives et son jeu aérien font de lui un remplaçant potentiel au poste de trois-quarts aile. Il évolue même à ce poste lors de deux rencontres au mois de novembre 2022. Capable de jouer avant et trois-quarts, sa polyvalence extrêmement rare le place comme un *finisher* de luxe, surtout lorsque le staff souhaite constituer une ligne de remplaçants composée de six avants et deux trois-quarts. Sekou Macalou devrait ainsi être sélectionné pour la Coupe du monde 2023.

Charles OLLIVON

Poste : troisième ligne aile
Né le 11/05/1993 à Bayonne
Club : RC Toulon
Première sélection avec l'équipe de France : 2014
Sélections avec l'équipe de France : 33
Nombre d'essais avec le XV de France : 12

François CROS

Poste : troisième ligne aile
Né le 25/03/1994 à Toulouse
Club : Stade toulousain
Première sélection avec l'équipe de France : 2019
Sélections avec l'équipe de France : 20
Nombre d'essais avec le XV de France : 1

Sekou MACALOU

Poste : troisième ligne aile, troisième ligne centre ou ailier
Né le 20/04/1995 à Sarcelles
Club : Stade français
Première sélection avec l'équipe de France : 2017
Sélections avec l'équipe de France : 15
Nombre d'essais avec le XV de France : 1

Anthony JELONCH

Poste : troisième ligne aile ou troisième ligne centre
Né le 28/07/1996 à Vic-Fezensac
Club : Stade toulousain
Première sélection avec l'équipe de France : 2017
Sélections avec l'équipe de France : 25
Nombre d'essais avec le XV de France : 3

— LE GESTE TECHNIQUE —

LE GRATTAGE

D'apparence anodine, le grattage a toute son importance dans le rugby moderne. L'action de gratter un ballon consiste à récupérer celui-ci dans un regroupement ou un ruck. Le joueur qui gratte le ballon doit conserver ses appuis sans poser de main ou de genou au sol. En grattant un ballon, l'équipe stoppe la phase offensive de l'adversaire et s'offre une possibilité de contre-attaquer ou de se dégager au pied.

Au sein du XV de France, deux joueurs se spécialisent dans le grattage – même si tous les équipiers peuvent réaliser ce geste : le talonneur Julien Marchand et le trois-quarts centre Jonathan Danty.

NUMÉRO 8

LE TROISIÈME LIGNE CENTRE

Poste légendaire dans le rugby à XV, le numéro 8 ou troisième ligne centre est un joueur d'expérience, un *rugbyman* complet en attaque comme en défense. Il sert de perce-muraille des lignes adverses et de plaqueur-gratteur. Il est le dernier joueur de la mêlée où il contrôle les sorties de balle. Extrêmement sollicité, il couvre également « le troisième rideau », nom donné à l'arrière du terrain, à la place du numéro 15, des ailiers ou du numéro 10. Le poste de troisième ligne centre nécessite de la technicité dans la manipulation du ballon, tant sur le plan défensif, avec la réception des ballons tapés au pied par l'adversaire, que sur le plan offensif dans le jeu de passes. Il implique aussi un sens de l'adaptation en fonction du jeu.

Les troisièmes lignes centres du XV de France

Numéro 8 indiscutable, aux prestations de haut niveau, le Rochelais **Grégory Alldritt** est l'un des tauliers des Bleus. En 2022, il fait partie du XV de l'année cité par World Rugby. Il est considéré comme l'un des meilleurs troisièmes lignes centres au monde. Sauf blessure, il devrait être le titulaire au poste de troisième ligne centre lors de la Coupe du monde. Derrière lui, **Anthony Jelonch** est le principal suppléant. Il remplace le Rochelais lorsque celui-ci est absent ou placé sur le banc. Habitué à jouer à ce poste avec son club du Stade toulousain, il possède la dimension physique nécessaire pour le rôle de troisième ligne centre. **Sekou Macalou**, cité dans les troisièmes lignes ailes, est le troisième joueur prétendant à ce poste.

Le troisième ligne centre Grégory Alldritt mène la charge du XV de France en allant défier physiquement les adversaires.

Grégory ALLDRITT

Poste : troisième ligne centre
Né le 23/03/1997 à Toulouse
Club : Stade rochelais
Première sélection avec l'équipe de France : 2019
Sélections avec l'équipe de France : 39
Nombre d'essais avec le XV de France : 4

Sekou MACALOU

Poste : troisième ligne aile, troisième ligne centre ou ailier
Né le 20/04/1995 à Sarcelles
Club : Stade français
Première sélection avec l'équipe de France : 2017
Sélections avec l'équipe de France : 15
Nombre d'essais avec le XV de France : 1

— LE GESTE TECHNIQUE —

LE BALLON PORTÉ OU MAUL

Le ballon porté ou maul, ou encore « cocotte », est un groupement de joueurs debout qui tentent d'avancer en tortue tout en protégeant le ballon des défenseurs adverses. Il se constitue souvent après une touche car cette phase de jeu permet de bien se placer pour former un bloc. Le maul nécessite un groupe bien soudé, où chacun tient sa place, afin d'avancer efficacement. Très utilisé dans la zone adverse des 22 mètres, il permet de parcourir les derniers mètres et de marquer. Malgré sa faible vitesse, il peut toutefois s'étendre sur une longue distance si l'équipe adverse n'arrive pas à l'arrêter.

NUMÉRO 9

LE DEMI DE MÊLÉE

Dans le rugby à XV, le demi de mêlée porte le numéro 9. Il forme avec le demi d'ouverture la « charnière » et lie le jeu des avants et celui des trois-quarts. Généralement, le demi de mêlée est le plus petit joueur de l'effectif. Il est tactique, agile, rusé et maîtrise parfaitement les règles. Il intervient sur (presque) toutes les phases de jeu. Il libère le ballon des regroupements, alimente le jeu de son équipe et s'occupe d'une partie du jeu au pied. Ses choix doivent s'avérer opportuns et sa prise de décision doit être instantanée.

Les demis de mêlée du XV de France

Le sélectionneur de l'équipe de France, Fabien Galthié, possède une affinité particulière avec ce poste puisqu'il évoluait lui-même en tant que demi de mêlée. Dans la sélection actuelle, c'est **Antoine Dupont** qui occupe ce poste. Ce dernier est élu meilleur joueur du monde par World Rugby en 2020, 2022 et 2023 ! Il prend le poste de demi de mêlée de l'équipe de France lors de la Coupe du monde 2019 au Japon. Deux ans après, suite à la blessure de Charles Ollivon, il devient le capitaine des Bleus pour la Tournée d'automne 2021. Quelques mois plus tard, il remporte le Grand Chelem lors du Tournoi des Six Nations 2022.

Pour suppléer Antoine Dupont, **Maxime Lucu** a pris de l'avance sur les autres concurrents. Il joue son premier match le 14 novembre 2021, à Bordeaux, lors de la victoire 41 à 15 contre la Géorgie. Il devient ce jour-là le numéro 2 au poste de demi de mêlée devant **Baptiste Couilloud** ou encore le jeune racingman **Nolan Le Garrec**.

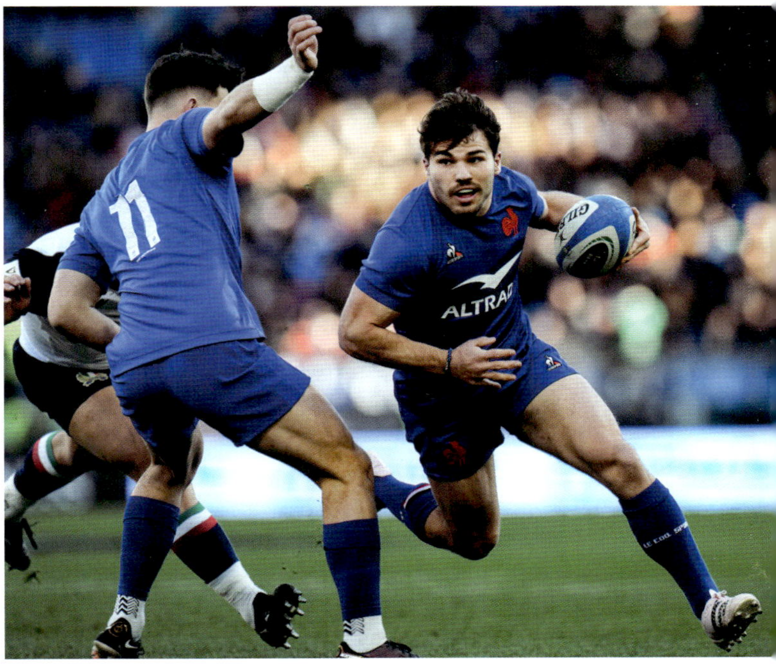

Le demi de mêlée et capitaine du XV de France Antoine Dupont relance le ballon, évitant la défense italienne et contournant son coéquipier Ethan Dumortier.

Le demi de mêlée du XV de France Maxime Lucu utilise le jeu au pied pour sortir le ballon du camp français.

Antoine DUPONT

Poste : demi de mêlée
Né le 15/11/1996 à Lannemezan
Club : Stade toulousain
Première sélection avec l'équipe de France : 2017
Sélections avec l'équipe de France : 47
Nombre d'essais avec le XV de France : 12

Maxime LUCU

Poste : demi de mêlée
Né le 12/01/1993 à Saint-Jean-de-Luz
Club : Union Bordeaux Bègles
Première sélection avec l'équipe de France : 2021
Sélections avec l'équipe de France : 13
Nombre d'essais avec le XV de France : 1
Nombre de transformations : 1

LA PASSE

La passe, geste technique de base appris à l'école de rugby, se situe au cœur du jeu d'attaque. Elle représente le paradoxe de ce sport puisqu'elle sert à faire avancer l'équipe, tout en étant réalisée vers l'arrière. Si le geste paraît simple au premier abord, il ne l'est pas. En plus de sa vitesse et de sa destination, la passe doit intervenir au bon moment : trop tôt, le défenseur n'est pas « fixé » et il glissera vers le partenaire qui recevra le ballon ; trop tard, le passeur est plaqué ou bien le ballon peut être intercepté.

Les types de passe dans le rugby varient : vrillées, à plat, volleyées, sur un pas ou encore en chistera (passe effectuée dans le dos). Il existe également des passes qui relèvent des situations de jeu ou des combinaisons : après contact, sautée, croisée, etc.

NUMÉRO 10

LE DEMI D'OUVERTURE

En rugby à XV, le demi d'ouverture porte le numéro 10. Il forme la charnière avec le numéro 9. Responsable du jeu des trois-quarts ainsi que du jeu au pied, il soutient la tactique de chaque équipe de rugby, rythme l'attaque et décide des lancements de jeu. Il possède une technique de passe irréprochable, une bonne vision du jeu et un bon jeu au pied. Dans de nombreuses équipes, le numéro 10 est également le buteur. Le demi d'ouverture est une cible privilégiée des joueurs adverses et notamment des troisièmes lignes qui émergent les premiers des mêlées. Un poste à responsabilité et sous pression !

Virtuose du ballon ovale, le demi d'ouverture Mathieu Jalibert est un attaquant hors pair.

Le demi d'ouverture Romain Ntamack porte la ballon évitant le plaquage du défenseur italien.

Les demis d'ouverture du XV de France

Les tactiques au rugby offrent une panoplie incroyable au demi d'ouverture pour animer le jeu de son équipe. Son profil définit également un style de jeu personnel. L'équipe de France possède plusieurs demis d'ouverture de grande classe. Depuis la prise en main des Bleus par Fabien Galthié, deux joueurs alternent au poste. Le métronome Romain Ntamack et le virtuose Mathieu Jalibert. **Romain Ntamack** est le choix numéro 1 du staff des Bleus. Il forme avec Antoine Dupont la charnière principale du XV de France mais aussi celle du Stade toulousain. Les deux joueurs se connaissent par cœur. Romain Ntamack anime et distribue le jeu autour de lui dans un *timing* parfait. Il montre ses qualités d'attaquant le 21 novembre 2021 lors de la victoire historique contre les All Blacks 40 à 25. Enfin, bon plaqueur, il ne démérite pas en défense. L'autre ouvreur des Bleus s'appelle **Mathieu Jalibert**. Dans un style différent, le numéro 10 de l'Union Bordeaux Bègles prône un jeu plus offensif qui déstabilise les défenses adverses. Il attaque davantage la ligne, casse plus de plaquages et porte plus le ballon que son coéquipier.

En cas de blessures, plusieurs autres demis d'ouverture français ont été observés et testés. L'ouvreur du Stade rochelais **Antoine Hastoy** a participé à la Tournée d'été en 2022 au Japon. Le numéro 10 du LOU (Lyon Olympique Universitaire) **Léo Berdeu** a pris part, quant à lui, au regroupement du XV de France lors de la Tournée d'automne 2022, en remplacement du Rochelais blessé. L'arrière **Thomas Ramos** est également une solution au poste de numéro 10.

Romain NTAMACK

Poste : demi d'ouverture
Né le 01/05/1999 à Toulouse
Club : Stade toulousain
Première sélection avec l'équipe de France : 2019
Sélections avec l'équipe de France : 36
Nombre d'essais avec le XV de France : 6
Nombre de transformations : 29
Nombre de pénalités : 20
Drop : 1

Matthieu JALIBERT

Poste : demi d'ouverture
Né le 06/11/1998 à Saint-Germain-en-Laye
Club : Union Bordeaux Bègles
Première sélection avec l'équipe de France : 2018
Sélections avec l'équipe de France : 23
Nombre d'essais avec le XV de France : 2
Nombre de transformations : 19
Nombre de pénalités : 9
Drop : 1

LE PIED DANS LE JEU COURANT

Au rugby, il est possible de définir deux types de jeu au pied : celui de dégagement et celui dans le jeu courant. Ce dernier regroupe la chandelle, la passe au pied, le coup de pied rasant ou encore le « petit par-dessus ». La chandelle, coup de pied très haut qui reste dans l'aire de jeu, permet de gagner du terrain tout en mettant la pression sur l'adversaire. La passe au pied se présente comme une arme redoutable pour éviter le rideau défensif. En fonction du placement des défenseurs, le botteur réalise généralement une diagonale au pied pour un coéquipier placé sur l'aile. Le coup de pied rasant place également le ballon derrière la ligne adverse lorsqu'il n'y a pas de deuxième rideau. Enfin, le « petit par-dessus » est l'attaque ultime lorsque le second rideau est absent. Il consiste à passer le ballon au-dessus de la ligne de défense d'un petit coup de pied puis à le récupérer derrière cette ligne. Le XV de France détient un spécialiste de ce geste offensif en la personne de Mathieu Jalibert.

NUMÉROS 12 ET 13

LES CENTRES

En rugby à XV, les centres portent les numéros 12 et 13. Appelés premier et deuxième centres, ils percent la ligne adverse par leur puissance physique, leur agilité et leur vitesse, par des courses tranchantes ou des changements d'appuis, ou encore par leur technique. En défense, ils doivent être capables de plaquer n'importe quel joueur de l'équipe adverse, les petits rapides comme les grands costauds.

Deux types de profils apparaissent chez les centres. Le premier présente des joueurs solides cherchant à perforer la défense ou à réaliser un point de fixation au centre du terrain. Dans un rugby de combat, ce type de centre est très utile à l'équipe. Le second profil s'approche davantage de celui de demi d'ouverture permettant ainsi de jouer avec « deux numéros 10 ». Cette combinaison offre plus de diversité dans le jeu et permet d'envoyer la balle plus vite aux ailes. Dans ce cas, le choix du deuxième centre se tourne vers un joueur plus robuste.

Les deuxièmes centres combinent des qualités de puissance, de rapidité et de vivacité pour occuper les espaces ou déborder. En défense, le numéro 13 doit couvrir plus de terrain pour ne pas être débordé par son vis-à-vis qui dispose de plus d'espace.

Les centres du XV de France

En raison des blessures de Virimi Vakatawa et d'Arthur Vincent, la paire de centres a changé à plusieurs reprises depuis la prise de fonctions de Fabien Galthié en 2019. Le choix semble établi après la magnifique victoire du XV de France contre la Nouvelle-Zélande, le 21 novembre 2021. Ce jour-là, Jonathan Danty et Gaël Fickou ont livré une prestation époustouflante. **Gaël Fickou** évolue généralement au poste de deuxième centre. Il est l'un des joueurs les plus capés de l'équipe et le capitaine de la défense. Il peut également jouer à l'aile. Depuis son retour sous le maillot bleu en 2021, **Jonathan Danty** prouve, match après match, qu'il est à son meilleur niveau. Dur au contact, il aime casser les plaquages adverses. Il excelle aussi comme gratteur de ballon. Le tandem Danty-Fickou enchaîne les bonnes prestations depuis la Tournée d'automne 2021 et le début de la série d'invincibilité de l'équipe de France.

Yoram Moefana, centre de l'Union Bordeaux Bègles, est un joueur de luxe, au centre comme à l'aile. Il est le remplaçant numéro 1 au poste de trois-quarts centre. **Arthur Vincent**, appelé pour la première fois en 2020 pour préparer le Tournoi des Six Nations, a aussi rapidement montré ses talents, sa force mentale et sa vaillance. Malheureusement, il enchaîne les blessures depuis la fin de l'année 2021. Sera-t-il guéri d'ici septembre ? Encore d'autres centres pourraient intégrer l'équipe de France pour la Coupe du monde 2023. Peut-être le Toulousain **Pierre-Louis Barassi**, déjà dans le viseur du staff des Bleus ? Ou encore le jeune **Émilien Gailleton**, capitaine des moins de 20 ans.

Joueurs puissants et véloces, Jonathan Danty, Gaël Fickou et Yoram Moefana animent le centre de l'attaque française.

Gaël FICKOU

Poste : centre
Né le 26/03/1994 à La Seyne-sur-Mer
Club : Racing 92
Première sélection avec l'équipe de France : 2013
Sélections avec l'équipe de France : 79
Nombre d'essais avec le XV de France : 14

Jonathan DANTY

Poste : centre
Né le 07/10/1992 à Paris
Club : Stade rochelais
Première sélection avec l'équipe de France : 2016
Sélections avec l'équipe de France : 20
Nombre d'essais avec le XV de France : 3

Yoram MOEFANA

Poste : centre ou ailier
Né le 18/07/2000 à Futuna
Club : Union Bordeaux Bègles
Première sélection avec l'équipe de France : 2020
Sélections avec l'équipe de France : 16
Nombre d'essais avec le XV de France : 2

LA PERCUSSION

La percussion au rugby consiste à aller défier physiquement l'équipe adverse jusqu'à provoquer un choc sur un joueur ou sur la ligne de défense. Comme la passe ou le plaquage, la percussion représente un des gestes de base du rugby. Elle permet de viser un joueur adverse pour le mettre « sur les fesses » ou bien créer un intervalle entre deux joueurs. Cette action permet de progresser sans avoir à lâcher le ballon.

La majorité des percussions est réalisée par les avants autour des rucks. On parle également de « pick and go ». Il s'agit d'un geste où le joueur ramasse le ballon à la sortie du ruck pour aller défier physiquement les adversaires, généralement avec l'épaule.

LES AILIERS

En rugby à XV, les ailiers, joueurs souvent les plus rapides, portent les numéros 11 et 14. Situés sur les extrémités du terrain, ils terminent généralement les actions. Ils sont le facteur X d'une équipe de rugby. Les ailiers ne sont pas cantonnés sur leurs ailes, ils peuvent aussi intervenir partout sur le terrain pour apporter un avantage souvent numérique. En défense, ils interviennent sur le premier rideau pour le renforcer ou se placent en troisième rideau pour couvrir le jeu au pied de l'équipe adverse. La défense à l'aile se révèle difficile ! Elle se joue souvent en un-contre-un avec son vis-à-vis, un joueur rapide avec de bons changements d'appuis.

Depuis le début de l'ère professionnelle du rugby en 1995 et le mythique ailier néo-zélandais Jonah Lomu, les profils des ailiers ont changé. Aux petits gabarits vifs se sont ajoutés les ailiers rapides et robustes.

Les ailiers du XV de France

Damian Penaud, élu meilleur joueur de la Tournée d'automne 2022, est le « facteur X » des Bleus. Implacable, il a déjà marqué 26 essais. À seulement 26 ans, il se classe cinquième meilleur marqueur des Bleus. Peut-être battra-t-il le record de Serge Blanco qui s'élève à 38 essais ? Le deuxième ailier qui semble indiscutable à son poste s'appelle **Gabin Villière**. Il a joué l'ensemble du Tournoi des Six Nations 2022 et remporté le Grand Chelem avec l'équipe de France. Infatigable et combattant hors pair, il est aussi un excellent attaquant toujours à la pointe du combat. Malheureusement, le Toulonnais s'est blessé à la cheville lors de la finale du Challenge européen avec son club de Toulon face à Lyon et a rechuté en novembre 2022 lors de son retour à la compétition. Sera-t-il guéri pour la Coupe du monde ? En son absence, **Yoram Moefana** – présenté dans le chapitre sur les centres – qui a déjà occupé le poste d'ailier, mérite sa place de titulaire. Puissant, rapide et bon défenseur, il possède aussi l'avantage de pouvoir couvrir le poste de centre, un atout pour le staff des Bleus.

Le trois-quarts aile **Ethan Dumortier** est la dernière révélation du XV de France. Il intègre le groupe des Bleus en 2023 où il profite des absences de Jonathan Danty (plaçant Yoram Moefana au centre) et de Gabin Villière. Réalisant un bon tournoi, il postulera au poste d'ailier pour le Mondial, tout comme **Mathis Lebel**.

L'ailier Damian Penaud raffûte le défenseur Australien, main ouverte et bras tendu, tenant le ballon avec l'autre main.

Damian PENAUD

Poste : ailier
Né le 25/09/1996 à Brive-la-Gaillarde
Club : ASM Clermont Auvergne
Première sélection avec l'équipe de France : 2017
Sélections avec l'équipe de France : 42
Nombre d'essais avec le XV de France : 26

Gabin VILLIÈRE

Poste : ailier
Né le 13/12/1995 à Vire
Club : RC Toulon
Première sélection avec l'équipe de France : 2020
Sélections avec l'équipe de France : 12
Nombre d'essais avec le XV de France : 6

Ethan DUMORTIER

Poste : ailier
Né le 29/12/2000 à Lyon
Club : Lyon OU
Première sélection avec l'équipe de France : 2023
Sélections avec l'équipe de France : 5
Nombre d'essais avec le XV de France : 2

Matthis LEBEL

Poste : ailier
Né le 25/03/1999 à Toulouse
Club : Stade toulousain
Première sélection avec l'équipe de France : 2021
Sélections avec l'équipe de France : 5
Nombre d'essais avec le XV de France : 2

— LE GESTE TECHNIQUE —

LE CADRAGE DÉBORDEMENT

Le cadrage débordement, ou « cad-dèb » comme il est régulièrement appelé sur les bords de terrain, désigne un geste technique dans lequel l'attaquant fixe son vis-à-vis avant de le déborder. Plus pratiqué par les trois-quarts, il peut toutefois être réalisé par n'importe quel joueur. Le cadrage débordement se joue en un-contre-un. Le joueur attaquant doit amener l'adversaire d'un côté et partir de l'autre. Il doit tromper le défenseur sur sa trajectoire.

NUMÉRO 15

L'ARRIÈRE

En rugby à XV, l'arrière porte le numéro 15. C'est le dernier rempart en défense ! Il couvre l'arrière du terrain, notamment sous la pression du jeu au pied adverse. Il doit savoir plaquer un joueur, récupérer un ballon dans les airs et dégager loin celui-ci pour écarter le danger. En attaque, l'arrière peut s'intercaler n'importe où dans la ligne de trois-quarts. Il doit être rapide, car il part du fond du terrain, et couvrir rapidement la distance. Dans le rugby moderne, avec un jeu basé sur l'occupation ou la dépossession, la longueur du jeu au pied du numéro 15 devient un élément important. Certains arrières assument le rôle de buteur. La tactique et le sang-froid importent particulièrement à ce poste.

L'arrière du XV de France Thomas Ramos est devenu le meilleur réalisateur français lors du dernier Tournoi des Six Nations, avec 84 points.

L'arrière Melvyn Jaminet a été le buteur numéro 1 de l'équipe de France lors du Tournoi des Six Nations 2022, remplacé en 2023 par Thomas Ramos.

Les arrières du XV de France

Depuis le début de l'ère Galthié, plusieurs joueurs ont occupé le poste de numéro 15 avec succès. Le premier, **Anthony Bouthier**, a livré de bonnes prestations durant le Tournoi des Six Nations 2020. Malheureusement, il a du se mettre en retrait après une blessure. Son successeur fut d'abord Thomas Ramos à la fin de l'année 2020, puis **Brice Dulin** lors du match contre l'Angleterre, le 6 décembre 2020, pour la finale de la Coupe d'automne des Nations. En raison d'un accord entre la Fédération et la Ligue nationale de rugby (LNR), ce match a été joué par les « réservistes ». L'arrière du Stade rochelais a brillé ce jour-là, et gagné sa place pour les matchs suivants. **Melvyn Jaminet** apparaît lors de la Tournée d'été 2021. Le joueur de l'USA Perpignan qui jouait alors en Pro D2 est passé par tous les états en Australie. Après une passe ratée lors du premier match, qui donne la victoire aux Wallabies, les Bleus l'emportent 28 à 16 au match suivant grâce à un jeu au pied parfait et notamment une pénalité passée à la 78e minute. Le néo-Toulousain enchaîne tous les matchs suivants comme arrière numéro 1 jusqu'à une blessure à la reprise de la saison de Top 14 2022-2023. Il est remplacé pour la Tournée d'automne 2022 par **Thomas Ramos** qui a livré de belles prestations. Quel joueur sera alors sélectionné pour jouer à l'arrière du XV de France ? Un autre joueur comme le Bordelais **Romain Buros** peut-il gagner une place dans le groupe France à la dernière minute ?

Melvyn Jaminet, qui selon le sélectionneur possède « le jeu le plus long et le plus haut du circuit », apparaît sans contestation, comme le choix numéro 1... jusqu'au Tournoi des Six Nations 2023. Dans une nouvelle stratégie de « repossession », Thomas Ramos, excellent buteur et pouvant couvrir les postes d'arrière et de demi d'ouverture, est devenu l'arrière titulaire du XV de France. Rien n'est jamais figé !

Thomas RAMOS

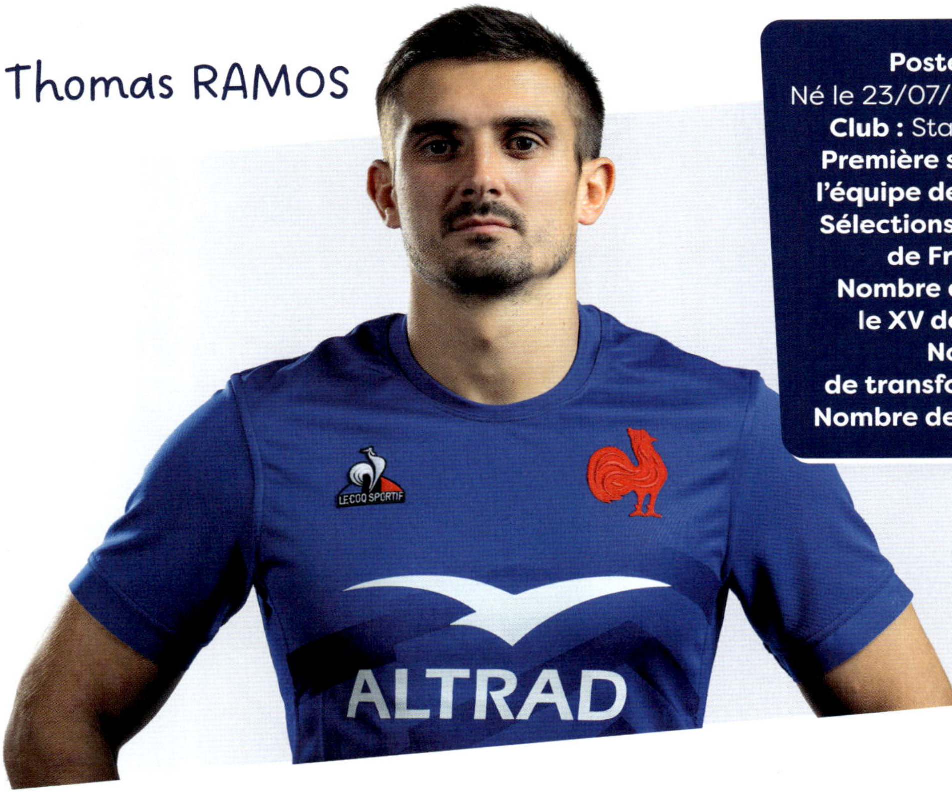

Poste : arrière
Né le 23/07/1995 à Mazamet
Club : Stade toulousain
Première sélection avec l'équipe de France : 2019
Sélections avec l'équipe de France : 25
Nombre d'essais avec le XV de France : 4
Nombre de transformations : 28
Nombre de pénalités : 30

Melvyn JAMINET

Poste : arrière
Né le 30/06/1999 à Hyères
Club : Stade toulousain
Première sélection avec l'équipe de France : 2021
Sélections avec l'équipe de France : 13
Nombre d'essais avec le XV de France : 0
Nombre de transformations : 26
Nombre de pénalités : 36

Rendez-vous le 8 septembre pour connaître l'équipe type du XV de France qui jouera le match d'ouverture contre les All Blacks !

LE JEU AU PIED ET LE JEU D'OCCUPATION

Les termes « jeu d'occupation », « jeu de pression » ou encore « jeu de dépossession » se développent dans le rugby moderne. Qu'est-ce qu'ils signifient ?

Le coup de pied d'occupation ou de pression devient un élément clé des tacticiens. À l'image des tennismen, les échanges de coups de pied entre les lignes « arrière » se multiplient. C'est bien évidemment une stratégie voulue et travaillée par les équipes.

Plusieurs éléments du rugby moderne expliquent ce choix. Tout d'abord, les défenses prennent, de plus en plus, le pas sur les attaques. Lors des grands matchs, les « gros plaqueurs-gratteurs » se distinguent en récupérant de nombreux ballons. De leur côté, les buteurs repoussent les limites des coups de pied, étant capables de passer des pénalités de plus de cinquante mètres. Enfin, la dimension physique paraît un élément essentiel. Attaquer ballon en main sur des dizaines de mètres brûle beaucoup d'énergie. Les relances évoquent donc une prise de risque que de nombreux entraîneurs souhaitent limiter, préférant taper dans le ballon et aller jouer dans le camp adverse. Le jeu au pied devient alors une bataille tactique !

QUIZ

1. Dans quel pays et en quelle année le rugby a-t-il été créé ?

2. En quelle année l'équipe de France intègre-t-elle le Tournoi des Cinq Nations ?

3. En quelle année l'équipe de France a-t-elle réalisé son premier Grand Chelem dans le Tournoi des Cinq Nations ?

4. Quels numéros portent les deuxièmes lignes ?

5. Quels numéros portent les troisièmes lignes ailes ?

6. Quels sont les joueurs qui font partie du groupe d'avants ?

7. Comment surnomme-t-on les piliers au rugby à XV ?

8. Quel est le terme qui désigne le duo composé du demi de mêlée (numéro 9) et du demi d'ouverture (numéro 10) ?

9. En quelle année la France a-t-elle été l'hôte d'une Coupe du monde de rugby à XV ?

10. En quelle année le XV de France joue sa première finale de Coupe du monde de rugby ?

11. Combien de finale(s) l'équipe de France a-t-elle joué en Coupe du monde ?

12 Quel joueur français a disputé le plus de matchs en Coupe du monde ?

13 Quel joueur français détient le record d'essais en Coupe du monde ?

14 Quel joueur français a marqué le plus de points en Coupe du monde ?

15 L'équipe de France de rugby à XV a participé à toutes les Coupes du monde depuis sa création. En 2023, quelle édition se joue en France ?

16 Dans quel stade se jouera la finale de la Coupe du monde de rugby à XV 2023 le 28 octobre ?

17 Comment s'appelle l'actuel sélectionneur et entraîneur du XV de France ?

18 Quel joueur a été élu meilleur joueur du monde par World Rugby en 2020, 2022 et 2023 ?

19 À quelle place du classement mondial World Rugby le XV de France se classe-t-il ?

20 Quel est le record de victoires consécutives du XV de France ?

Réponses

1. En Angleterre, en 1823 ✶ **2.** 1910 ✶ **3.** 1968 ✶ **4.** Numéros 4 et 5 ✶ **5.** Numéros 6 et 7 ✶ **6.** Les premières lignes (1, 2 et 3), les deuxièmes lignes (4 et 5) et les troisièmes lignes (6, 7 et 8) ✶ **7.** Les pilards ✶ **8.** La charnière ✶ **9.** 2007 ✶ **10.** 1987 ✶ **11.** 3 ✶ **12.** Raphaël Ibañez, avec 18 rencontres ✶ **13.** Vincent Clerc, avec 11 réalisations ✶ **14.** Frédéric Michalak, avec 136 points ✶ **15.** 10e édition ✶ **16.** Stade de France ✶ **17.** Fabien Galthié ✶ **18.** Antoine Dupont ✶ **19.** Deuxième place ✶ **20.** 14.

PRONOSTICS

Poule A

- FRANCE
- NOUVELLE-ZÉLANDE
- ITALIE
- URUGUAY
- NAMIBIE

VENDREDI 8 SEPTEMBRE – 21 H

Saint-Denis – Stade de France

FRANCE ………… NOUVELLE-ZÉLANDE …………

JEUDI 14 SEPTEMBRE – 21 H

Lille – Decathlon Arena

FRANCE ………… URUGUAY …………

JEUDI 21 SEPTEMBRE – 21 H

Marseille – Orange Vélodrome

FRANCE ………… NAMIBIE …………

VENDREDI 6 OCTOBRE – 21 H

Lyon – Groupama Stadium

FRANCE ………… ITALIE …………

Quart de finale 1

SAMEDI 14 OCTOBRE – 17 H

Marseille – Orange Vélodrome

Vainqueur poule C | Deuxième poule D

Quart de finale 2

SAMEDI 14 OCTOBRE – 21 H

Saint-Denis – Stade de France

Vainqueur poule B | Deuxième poule A

Quart de finale 3

DIMANCHE 15 OCTOBRE – 17 H

Marseille – Orange Vélodrome

Vainqueur poule D | Deuxième poule C

Quart de finale 4

DIMANCHE 15 OCTOBRE – 21 H

Saint-Denis – Stade de France

Vainqueur poule A | Deuxième poule B

Demi-finale 1

VENDREDI 20 OCTOBRE – 21 H

Saint-Denis – Stade de France

Vainqueur quart de finale 1 | Vainqueur quart de finale 2

Demi-finale 2

SAMEDI 21 OCTOBRE – 21 H

Saint-Denis – Stade de France

Vainqueur quart de finale 3 | Vainqueur quart de finale 4

Petite finale

VENDREDI 27 OCTOBRE – 21 H

Saint-Denis – Stade de France

Perdant demi-finale 1 | Perdant demi-finale 2

Finale

SAMEDI 28 OCTOBRE – 21 H

Saint-Denis – Stade de France

Vainqueur demi-finale 1 | Vainqueur demi-finale 2

Crédits photographiques :

Getty Images

Page 8 (haut) : Nicolò Campo / LightRocket - Page 9 (haut) : Dimitri Lundt / Corbis Sport - Page 10 (haut) : Marcio Machado / Getty Images Sport - Page 10 (bas) : Jonathan Moscrop / Getty Images Sport - Page 12 : Fairfax Media Archives - Page 13 : Christian Liewig / Corbis - Page 14 (de haut en bas) : Universal / Sygma - Inpho Photography / Getty Images Sport - Page 16 : Christian Liewig / Corbis - Page 17 : John Berry / Getty Images Sport - Page 19 (haut) : Julien Hekimian / Getty Images Sport

Shutterstock

Pages 3 - 4 - 18 - 62 : drapeaux. - Pages 9 - 10 - 15 - 23 - 47 - 55 - 64 : joueur.

FFR

Page 14 (gauche) - Page 60 : Justine Hamon. - Pages 22 - 26 - 30 - 34 - 38 - 42 - 46 - 50 - 54 - 58 : Inigo Brothers. - Pages 2 - 7 (haut) - 8 (bas) - 9 (bas) - 11 - 15 - 18 - 21 - 23- 25 - 27 - 29 - 31 - 32 - 33 - 35 - 37 - 39 - 40 - 41 - 43 - 44 - 45 - 47 - 49 - 51 - 53 - 55 - 56 - 57 - 59 - 61 : Julien Poupart. - Pages 7 (bas) : S. Hamel. - Pages 19 (bas) : Isabelle Picarel.

Les informations données dans les fiches joueurs se basent sur les derniers matchs de l'équipe de France et sont arrêtées au 18/03/2023 (fin du Tournoi des Six Nations).

Textes : Gaëtan Lefèvre
Illustrations : Alain Boyer

Ouvrage dirigé par Mathilde Guillier
Conception graphique et maquette : Élise Bonhomme
Lecture et correction : Valérie Gios

Un grand merci à Ana Kosutic pour sa relecture attentive.

34-36, rue La Pérouse - 75116 Paris
www.hugopublishing.fr

ISBN : 9782755665833
Dépôt légal : juillet 2023
Achevé d'imprimer en France par PPO